RECETAS VEGETARIANA S FÁCILES Y SALUDABLES

VEGETARIAN COOKBOOK SPANISH

Linda Bashert

ÍNDICE

RECETAS VEGETARIANAS FÁCILES

Introducción

Comenzar una dieta vegetariana

La vida saludable comienza desde el alimento. Lo que consumimos es aquello que nos permite estar saludables, o por el contrario, es lo que nos imposibilita alcanzar nuestro bienestar.

La población en nuestro planeta ha crecido de tal manera que nuestra demanda sobre la cadena alimenticia ha comenzado a sobrepasar la naturaleza. Si dejásemos que los procesos se dieran sin intervención humana, muchos experimentaríamos la escasez. Diversas ciencias ayudan a la naturaleza a cubrir nuestra demanda, pero al mismo tiempo, intoxica a un grupo de seres vivos con la finalidad de que nos alimenten con su carne, sus pieles, o en general, con sus organismos.

Cuando miras la miseria que corona en ciertas esquinas del mundo, ¿no piensas en lo necesaria que es la vida sin crueldad? Una maravilla que parece inalcanzable, sin embargo, la crueldad no es un padecimiento exclusivo de la raza humana.

Dejar de consumir productos o servicios que fomenten la crueldad es una forma de acabar con el financiamiento del mismo. En este caso, dejar de consumir carne, tanto roja como blanca, pone un alto a situaciones como la ganadería intensiva. Las granjas avícolas son un ejemplo de ganadería intensiva, ahí los animales son inyectados con hormonas con la finalidad de estimular su crecimiento, es decir; conseguir más carne de un solo individuo. En las granjas avícolas mantienen a los animales bajo una luz artificial todo el día con el motivo de mantener al ganado despierto durante más tiempo, y ocasionar que consuma más alimento de lo que realmente lo haría.

Para nuestra demanda, la ganadería intensiva es altamente efectiva porque consigue una mayor producción, pero sin tener que inflar la inversión. Es un modelo flexible que puede ajustarse a la demanda del mercado, los costos son más accesibles para el usuario y el producto es homogéneo, es decir; tienen el mismo sabor, tamaño y forma.

No obstante, la ganadería intensiva da como resultado productos de menor calidad, erosiona el suelo o, dicho de otra forma, lo degrada, y es de suma importancia mencionar el trato no ético que se le brinda a decenas, cientos, miles o millones de animales, los cuales son obligados a pasar su vida en condiciones que atentan constantemente a su bienestar.

El vegetarianismo es una forma de reducir nuestra ingesta a sustancias que dañan a nuestro cuerpo y están presentes en la carne, pues hablando justamente de esta demanda desconmensurada que existe de estos productos, los responsables de la ganadería emplean dosis masivas de hormonas y agentes anabólicos que nos perjudican cuando son procesados por nuestro cuerpo. ¿Por qué se les administran este tipo de sustancias a la cría ganadera? La demanda necesita que los animales engorden más rápido, por esa razón, también es una práctica común que los animales vivan el resto de sus vidas en espacios diminutos donde no tienen libertad de movimiento.

La naturaleza ha comenzado a verse sobrepasada por nuestras necesidades, así que intervenimos en los ciclos de vida de decenas o cientos de especies para nuestro consumo.

Y si hablamos del pescado, es necesario mencionar que algunos estudios han sabido demostrar que estas carnes están infectadas por mercurio, ya que también hemos desempeñado bien la tarea de contaminar nuestros mares. La ingesta de mercurio puede acumularse en el cuerpo y propensa la aparición de graves enfermedades.

Abandonar el consumo de carne no solo es una decisión importante, sino que bastante compleja. Es una decisión que debe tomarse desde la información. Tomar esta decisión desde la ignorancia podría llegar a afectar tu rutina, además de generar consecuencias directas en tu metabolismo. El primer paso siempre es consultar con tu nutriólogo, ¡no lo pases por alto!

Cuando tomamos la decisión de vivir una vida vegetariana, nuestra flora intestinal mejora. ¿Por qué sucede esto? Si dejamos de comer carne, el consumo constante y absoluto de distintos vegetales puede alterar nuestro perfil de la flora y lograr así una mayor protección para nuestro organismo. En palabras ambiguas; nos hacemos más fuertes. Hay que recordar que la flora intestinal no es más que un conjunto de bacterias, y mantener esa población de seres vivos sana nos trae grandes beneficios. Para llegar a esta conclusión, se comparó la calidad en las bacterias intestinales de los veganos, vegetarianos y omnívoros, y se demostró que los veganos eran los huéspedes de una población de bacilos mucho más sana que su competencia.

Veganos, vegetarianos y omnívoros… ¿Cuál es cuál? ¿Qué diferencias existen?

A grandes rasgos, los omnívoros son aquellos que mantienen una dieta tanto de los productos de origen animal como los productos vegetales. No obstante, cuando hablamos de vegetarianos y veganos, siempre existe una confusión. Así que; ¿cuál es la diferencia entre ellos?

Las diferencias entre el vegetarianismo y el veganismo no solamente engloba una dieta, sino también un estilo de vida. Para que no te quede ninguna duda, a continuación, se explicará lo que significa cada término.

Ambos, tanto los vegetarianos como los veganos, no consumen carne de ningún animal, incluido el pescado. Partiendo de este punto, ambos modelos de vida comparten algunas características. Asimismo, los vegetarianos sí aceptan el consumo de derivados de animales, como podrían ser los huevos y la leche, en contraste; los veganos no aceptan ni siquiera eso.

Los veganos mantienen un estilo de vida, considerando que nosotros, los seres humanos, no estamos por encima de ninguna especie animal. Es esta ideología lo que va trazando su estilo de vida y la forma en la que consumen sus alimentos. Al rechazar todos los productos de origen animal, rechazan no solo alimentos, sino también prendas de vestir o incluso calzado. En una dieta para veganos no encontrarás productos como: mantequilla, leche, huevos, queso, ni ningún otro lácteo. La miel tampoco es consumida en este estilo de vida. Así que podemos vislumbrar, a grandes rasgos, que el veganismo no es una dieta, sino una postura ética que hace especial enfoque en la alimentación.

Los materiales de procedencia animal son la seda o lana. De igual forma, no consumen ropa o calzado de cuero, ni son consumidores de objetos decorativos derivados de los animales.

En resumen, para el tema del veganismo, en esta postura se rechaza cualquier producto en el que un animal tenga que ver con su elaboración. Estos productos pueden ser desde lácteos y miel, medicamentos o incluso cosméticos. Además, son activistas en contra de los experimentos o ensayos sobre animales, independientemente del objetivo que se busque con ello. Tampoco asisten a zonas de entretenimientos donde los animales son la principal atracción, como: zoológicos, acuarios, carreras, entre otros.

Por su parte, el vegetarianismo, que también excluye la carne, tiene como objetivo una dieta más sana y lo más beneficiosa posible. Es innegable que también se unen a la lucha por combatir la crueldad animal, pero también se enfocan en la contaminación del medio ambiente y la deforestación que demandan las producciones masivas de ciertos productos de origen animal.

En la dieta vegetariana nos encontramos productos derivados de los animales, por lo que podremos consumir dentro de este régimen; leche, queso, dulce de leche, huevos, miel, mantequilla, entre otros. Los vegetarianos no presentan problemas con vestirse o calzarse con derivados de animales, productos que hemos mencionado anteriormente.

Decidas ser vegetariano o vegano, los vegetales y las legumbres serán esenciales para tu día a día, de igual forma pasará con los cereales integrales, las algas y las frutas. Al elegir por un estilo de vida similar, se recomienda adquirir productos naturales de ser posible, y si decidimos consumir productos procesados, siempre es importante mirar la etiqueta, específicamente la lista de ingredientes, para asegurarnos de que no contengan algún producto que no debamos o no queramos consumir, además de descubrir qué tanto meteríamos a nuestro cuerpo de llevarnos ese producto a casa.

Como un consejo, independientemente de qué estilo de vida o régimen alimenticio lleves, te recomendamos leer la lista de ingredientes y optar por aquellos productos que no tengan más de cinco en su elaboración. Este consejo te ayudará a elegir mejor los alimentos que consumes, y huir de los alimentos súper procesados. ¿Has oído hablar alguna vez de la "comida real"? Resulta un movimiento no solamente interesante, sino que necesario también.

Una vez tomada la decisión de abandonar la carne, no podemos dejar de monitorear nuestros niveles de hierro y vitaminas como D y B12. Se necesita una dieta bien planificada para lograr cubrir la totalidad de los nutrientes que nuestro cuerpo necesita. No podemos olvidar que nuestro cuerpo es lo más parecido a una máquina, y que el alimento que consumimos es el combustible que nos permite lograr nuestra vida día con día.

Los rumores aseguran que no podrás cubrir las necesidades nutricionales de tu cuerpo al elegir uno de estos modelos alimenticios. Esto es completamente falso, pues los especialistas explican en más de una ocasión, que con el veganismo o el vegetarianismo es posible cubrir la demanda nutricional a cualquier edad, solo es necesario que la dieta esté bien planificada de acuerdo a las propiedades de los alimentos que estamos dispuestos a consumir.

El plato saludable de un buen vegetariano se llena a la mitad de vegetales, y el resto se predomina con cereales o legumbres, tubérculos y semillas.

Hemos mencionado previamente los beneficios que trae el aumentar nuestra ingesta de verduras, pero algo sumamente importante de responder, es: ¿qué pasa con nuestro cuerpo cuando dejamos de comer carne? ¿Es realmente saludable?

Abandonar el consumo de carne no es un sinónimo de estar saludable, pues la salud se encuentra en el equilibrio, y el equilibrio se crea desde la planificación. No importa qué es lo que incluyas en tu dieta, al final, lo que importa es que sepas satisfacer tus necesidades de macro y micronutrientes que varía para cada uno de nosotros, pues estos rangos de necesidad se adaptan a nuestra actividad física, complexión, sexo biológico, entre otros.

Lo correcto sería decir que dejar de comer carne de

manera inteligente nos trae grandes beneficios a nuestra vida, siempre y cuando sepamos cubrir esa necesidad de proteína que estaremos desestabilizando.

Además de proteína, la carne contiene vitaminas B12, hierro y zinc. No podemos negar que su consumo es importante, pero tampoco podemos decir que necesario.

Ventaja número 1: Pierdes peso

Las personas que han decidido dejar de consumir carne han logrado perder varios kilos de peso corporal, ya que este alimento es de alto contenido calórico, dependiendo de si la carne es o no procesada, el tipo de preparación, entre otros. A mediano y largo plazo, después del abandono del consumo de carne, comienzan a reducirse los marcadores de inflamación.

Ventaja número 2: Reconstruyes tu microbiota intestinal

Como ya hemos mencionado, al decidir abandonar la ingesta de carne animal, aumentamos nuestro consumo de vegetales de forma irremediable. No podríamos cubrir nuestra demanda de otra manera. Es este consumo de alimentos de origen vegetal que nos aporta bacterias beneficiosas y nos ayuda con nuestra microflora intestinal.

Todas esas molestias intestinales no desaparecerán de inmediato, pero sin duda, notarás una diferencia conforme este estilo de vida cumpla contigo cierto tiempo de antigüedad.

Ventaja número 3: Mejora la salud de tu piel

Después de un largo período de tiempo de evitar este consumo de carne, aquellos veganos o vegetarianos que lo han practicado han asegurado que el estado de su piel mejora. No hay evidencias científicas al respecto, pero es verdad que aumentar el consumo de vegetales en nuestra dieta diaria nos lleva a la obtención de una mayor cantidad de antioxidantes, los cuales nos ayudan con la salud de nuestra piel.

Ventaja número 4: Tus deposiciones son mejores

Naturalmente, la proteína vegetal tiene una gran cantidad de fibra, por lo que nos mantenemos alejados de problemas intestinales como estreñimiento.

Ventaja número 5: Mejoras la salud de tu sistema cardiovascular

El consumo excesivo y constante de carne roja, además de procesada, aumenta el riesgo de padecer una enfermad cardiovascular, acercándonos peligrosamente a un final de muerte. La sospecha estípula que un 3% de las causas de muerte se deben al consumo de este producto.

Ventaja número 6: Te alejas un poco más de la diabetes

¿Sabes lo que es el síndrome metabólico? Es necesario para que comprendas el siguiente beneficio que consigues al abandonar la ingesta de carne.

El síndrome metabólico es un conjunto de situaciones fisiológicas, bioquímicas, clínicas y, naturalmente, metabólicas que aumentan el riesgo de padecer una enfermedad cardiovascular o diabetes y fallecer bajo estas circunstancias.

Las personas que siguen una dieta vegetariana tienen menor riesgo de padecer síndrome metabólico.

El vegetarianismo puede ser altamente beneficioso para el medio ambiente además de mejorar tu calidad de vida al recomendarte el consumo de productos más sanos.

A continuación, hemos escrito para ti un conjunto de recetas con la finalidad de que descubras que ser vegetariano no es sinónimo de comer aburrido e insípido el resto de tu vida. ¡Adelante!

Recetario

Hay muchas recetas pensadas principalmente para el uso de productos de origen animal, específicamente, para la preparación de la carne. Sin embargo, el vegetarianismo ha sido capaz de replicar estas recetas en su mejor versión, respetando los requerimientos de su estilo de vida. Por ejemplo... ¿Qué tal unas albóndigas?

Receta Número 1:

Albóndigas de berenjena

El tiempo aproximado para la preparación de esta receta es de 30 minutos, con un producto final de diez piezas o porciones. Para esta receta vamos a necesitar los siguientes ingredientes:

3 berenjenas

50 g de pan molido

50 g de queso parmesano rallado

2 yemas de huevo

3 hojas de albahaca

70 ml de aceite de oliva

50 g de harina

4 jitomates

¼ de cebolla

1 diente de ajo

Sal y pimienta

Preparación:

Con todos los ingredientes a nuestra disposición, comenzaremos la preparación de esta receta cortando las berenjenas a lo largo y envolviéndolas dentro de papel aluminio con la finalidad de ingresarlas al horno. El horno deberá de estar precalentado a 200°C. Las berenjenas permanecerán ahí por 30 minutos.

Pasado el tiempo, vamos a retirarlas del horno, retirarles la pulpa y colocar esta última en un recipiente. Deberás guardar esto para después.

En un tazón coloca las yemas del huevo, junto con el queso y la albahaca que deberá de estar picada finamente. Batirás hasta que todos los ingredientes estén bien incorporados. Una vez terminado, agregarás la pulpa y el pan molido, y es aquí donde colocarás la sal y la pimienta en la cantidad que consideres necesaria para tu paladar. Deberás mezclar hasta conseguir una consistencia con la que puedas maniobrar con cierta facilidad.

Formarás las albóndigas para colocarlas en una sartén con aceite de oliva previamente calentado. Fríe las albóndigas hasta que estén bien doradas.

En la licuadora se coloca el jitomate, la cebolla y el ajo, agrega sal y pimienta al gusto, y tritura hasta que consigas una consistencia fina. Fríe esta salsa en una olla pequeña duramente aproximadamente tres minutos y baña las albóndigas con ella.

¡No necesitas de carne para saborear unas ricas albóndigas!

El ceviche es un platillo que consiste en pescado o mariscos marinados. Sin duda, es completamente delicioso. ¿Cómo le podríamos decir adiós a un manjar del estilo? Aquí te lo decimos...

Receta Número 2:

Ceviche a la vegetariana

Que tu régimen alimenticio no te impida disfrutar ciertas preparaciones. Y es que, muchas veces, el sabor de un platillo es el resultado de un conjunto de diversos ingredientes, y solemos creer que si retiramos uno de ellos la receta está arruinada. En muchas ocasiones, eso es simplemente una mentira. Por eso, llegó el momento de preparar un ceviche de coliflor.

Los ingredientes que vas a necesitar serán:

      1 coliflor picada en floretes chicos

      ½ cebolla morada picada en cubos pequeños

      3 jitomates sin semilla picados en cubos pequeños

      ½ manojo de cilantro picado

      3 chiles verdes sin semillas picados finamente

      4 cucharadas. de aceite de oliva

1 pepino picado en cubos pequeños

2 tazas de jugo de jitomate

2 cdas. de salsa inglesa

2 cdas. de jugo Maggi

1 limón

Galletas saladas al gusto

Preparación:

Para comenzar, colocaremos en una olla agua y la pondremos sobre el fuego hasta lograr que hierva. Esto es solo cuestión de tiempo.

Cuando esto haya sucedido, agregaremos los floretes de coliflor y dejaremos que se cuezan durante 3 minutos.

A los 3 minutos, retiraremos del fuego la olla y colaremos los floretes. Para detener su cocción y evitar qué estén demasiado suaves, los colocaremos en un tazón con agua fría.

Espera un momento y cuela los floretes, después déjalos secar.

En otro recipiente, coloca un tazón con el resto de los ingredientes, mezcla, y cuando esté listo, distribuye esta mezcla en vasos más pequeños con la finalidad de crear porciones individuales,

Coloca los floretes de coliflor encima y decora los vasos con una rodaja de limón.

No olvides acompañar este manjar con galletas saladas.

¡Provecho!

¿Es posible sustituir la leche de vaca con bebidas vegetales dentro de cualquier receta? La respuesta es que en la mayoría de los casos; sí. Cocinar con leche vegetal es tan posible como crearlas desde tu propio hogar. ¿Incluso dentro de la repostería? ¿De verdad es posible hacer un par de galletas sin ingredientes de origen animal? ¡Sí! Vamos a ello.

Receta Número 3:

Haz tus propias galletas con leche de coco

Receta sin Gluten

Esta receta es ideal para todo público, en especial para aquellos intolerantes al gluten por la ausencia de este en la elaboración de nuestras galletas.

Para poder preparar este postre con éxito, necesitarás:

1 taza de harina de trigo sarraceno

1 taza de leche de coco

1 huevo

1 cucharada de azúcar de caña o coco

1 cucharadita de bicarbonato de sodio

1 cucharadita de canela

Aceite o manteca de coco

Una vez que te has asegurado de tener todo en tu despensa, ¡manos a la obra!

Preparación:

Vacía la taza de harina de trigo sarraceno, la cucharada de azúcar de caña o coco, la cucharadita de bicarbonato de sodio y la cucharadita de canela en polvo en un bol; mezcla y cuando todos los ingredientes estén bien incorporados, añade el huevo y revuelve.

Cuando hayas terminado, deja reposar la mezcla durante un tiempo de 30 minutos.

Pasado este tiempo, coloca un sartén sobre fuego medio y en el centro vierte un poco de aceite o manteca de coco. Cuando esté caliente; fríe la masa que has creado en forma de galletas.

Podrás servir estas galletas con crema de cacao, mermelada, o todo lo que cruce tu imaginación.

Receta Número 4:

No digas adiós a los clásicos americanos, hamburguesa de lentejas y
arroz

Como se ha mencionado anteriormente, un estilo de vida o un régimen alimenticio no debería limitarte de seguir probando recetas maravillosas. Por esta razón, la cuarta receta de este libro te enseña a sustituir la carne o el pollo de una hamburguesa, olvidándonos del pescado por un momento e imaginando nuestras posibilidades más allá de las proteínas animales.

Nuestra hamburguesa de lentejas y arroz resulta una preparación no solo vegetariana, sino vegana por completo, pues para realizarla solo vamos a necesitar un par de verduras, lentejas y arroz; nos olvidamos del huevo. No obstante, a pesar de que la preparación que se narrará a continuación ignorará la posible inclusión del huevo, podrás agregar una unidad de quererlo así.

Si no usamos huevo, ¿con qué lograremos que nuestra mezcla

tenga la consistencia necesaria para llevar nuestro disco de carne vegetariana al sartén? El pan rallado nos ayudará a que las formaciones no se deshagan. Sigue esta receta para conseguir una hamburguesa suave y deliciosa.

Para esta receta necesitarás lo siguiente y lograrás cuatro unidades:

100g de lentejas

100g de arroz redondo o largo

1 cebolla

1 zanahoria

Un diente de ajo

1 cucharada de pimentón

50g de pan rallado

Perejil fresco

1 hoja de laurel

Sal y pimienta

Aceite de oliva

Procedimiento:

Comenzaremos con la cocción de las lentejas. Para esta receta es de vital importancia que al final de su cocción quede un poco del caldo en el que las hemos cocido.

Para cocer las lentejas es necesario lavarlas, colocarlas una cebolla previamente cortada en tiras delgadas, la zanahoria en trozos pequeños, el pimentón, el aceite y el laurel. Una vez dentro de la olla, cubriremos todo lo antes colocado con agua, mezclaremos y dejaremos sobre el fuego hasta que las lentejas logren estar suaves. Este procedimiento tardará entre media a una hora, dependiendo de la lenteja y la potencia de la hornilla.

Cuando coloques el agua, te aconsejamos que coloques de menos, pues, aunque necesitamos que la lenteja esté suave, necesitamos que su consistencia sea espesa. Conforme avance la cocción ve colocando más agua según lo mires necesario.

Para la preparación de nuestro arroz colocaremos otra cazuela al fuego, pondremos un poco de aceite y lo dejaremos calentar a media potencia. Dejaremos caer nuestro diente de ajo finamente picado y procederemos a dorarlo. Después se agregará el arroz y se mezclará todo por completo.

El agua que necesitará el arroz será el doble de su medida, es decir; si colocas una taza de arroz, necesitarás dos tazas de agua. Dejaremos el arroz a fuego medio durante aproximadamente 20 minutos o hasta que quede suave.

Con el arroz y las lentejas ya hechas, retiraremos la hoja de laurel y colocaremos el resto en un recipiente. Salpimentaremos al gusto, colocaremos perejil finamente picado y las medidas requeridas de pan rallado.

Vamos a incorporar todos los ingredientes con nuestras manos hasta lograr la incorporación total de la mezcla. Todo deberá de estar bien mezclado.

Deberemos de humedecernos un poco las manos, y con la mezcla completamente lista, tomaremos una porción (recuerda que la receta está pensada para cuatro) y le daremos la forma circular de una hamburguesa.

En un sartén con un poco de aceite pondremos cada una de las porciones y las cocinaremos por ambas caras. Las vueltas deberán de ser cuidadosas para evitar deshacer las hamburguesas.

Termina su preparación con pan para hamburguesas. Agrega los vegetales de tu elección. Lo normal es; lechuga, tomate, cebolla y un poco de salsa de tomate. Podrías intentar colocar aros de cebolla, pimientos o un poco de queso.

¿Sabías que la combinación de la lenteja y el arroz consigue un equilibrio casi perfecto? La lenteja compensa los nutrientes que le faltan al arroz y viceversa. Esta receta podría ser buenísima para introducir este tipo de legumbres a la dieta de nuestros pequeños, o simplemente aniquilar uno de nuestros antojos sin abandonar nuestro régimen.

Receta Número 5:

Boneless, sustituye el pollo por la coliflor

Los boneless son el típico alimento americano que siempre está en nuestra lista de antojos, ¡por lo menos una vez al mes! Y es que su textura, la salsa que los baña, el aderezo que los acompaña y la experiencia de disfrutar una comida del estilo es fantástica. Recuerda que al cambiar de régimen alimenticio no es estrictamente necesario abandonar nuestras recetas favoritas. ¡Aprende a hacer boneless sin proteína animal!

Para esta receta necesitarás una freidora de aire, logrando que sea aún más saludable, fácil y rápida de preparar. Podrás utilizar esta receta para salir de la rutina, saciar un antojo o preparar un centro de mesa saludable para tus invitados.

Aparte de la freidora de aire, para cuatro porciones necesitarás:

1 coliflor, cortada en arbolitos

2 cucharadas de aceite de oliva

Sal

Pimienta

2 cucharadas de chile en polvo

1 taza de harina de amaranto

1 taza de queso Cotija

Aceite en aerosol

3/4 tazas de yogur sin azúcar

2 cucharadas de queso azul

1 cucharadita de ajo en polvo

2 cucharadas de cebollín

Apio y zanahoria para acompañar

Preparación:

Comenzaremos colocando los arbolitos de coliflor en un contenedor. Les agregaremos al gusto aceite de oliva, sal, chile en polvo y pimienta.

En otro recipiente mezclaremos la harina de amaranto con el queso Cotija, este último debe estar finamente rallado.

Para lograr la costra o el empanizado, pasaremos los arbolitos previamente sazonados por huevo o, en su defecto, salsa liquida; sí, puedes usar esta última como sustituto del huevo.

Luego deberemos pasar los arbolitos de coliflor por la mezcla de harina y queso. Dependiendo del grosor de la costra serán las veces que repitas este procedimiento. Al finalizar, rociaremos los arbolitos con aceite en aerosol.

Deberemos preparar la freidora de aire previamente a 200°C, y cocinar los boneless durante 20 minutos o hasta lograr que la costra esté doradita. Al pasar este tiempo y lograr la cocción esperada, retiraremos y dejaremos enfriar durante 5 minutos.

Podrás preparar los boneless con la salsa de tu elección, tanto liquida como en polvo.

¿Y qué con unos boneless sin su aderezo? Para este acompañamiento, mezclaremos el yogur y el queso azul con el ajo en polvo y el cebollín, todo en un recipiente. Cuando esté incorporado pondremos un poco de pimienta al gusto.

Los boneless deberán de servirse con el aderezo de queso azul y bastones de zanahoria y apio.

Receta Número 6:

Mixiote de hongos en adobo

La finalidad de esta receta es despojarnos por completo de la proteína animal. Para esto, debemos mencionar que el mixiote no es más que carne enchilada cocida al vapor. No obstante, para poder meter esta receta en nuestro régimen vegetariano, sustituiremos la proteína animal por proteína vegetal.

Los hongos son ricos en proteínas, vitaminas B1 y B2, minerales, hierro y calcio, fibra, entre otros. Todas estas características nutricionales, naturalmente, benefician nuestra salud, es por esta razón que los hongos comestibles han ganado terreno en distintos regímenes alimenticios.

Para 6 porciones, esta receta necesita:

> 2 cucharadas de aceite vegetal
>
> 1/4 cebollas
>
> 2 dientes de ajo
>
> 6 chiles guajillos

3 chiles anchos

3 tomates verdes

1 taza de jugo de naranja

1 envase de puré de tomate natural

2 hojas de laurel

2 piezas de clavo

2 pimientas negras enteras

1 cucharada de orégano

1/2 cucharaditas de comino, entero

2 cucharadas de aceite vegetal

4 tazas de champiñón, en mitad

Suficiente de hoja de aguacate

2 tazas de ensalada de nopal

Frijoles de la olla

Sal al gusto

Preparación:

Comenzaremos por retirar la cáscara de los tomates y limpiar los chiles perfectamente. Una vez terminado, haremos lo siguiente:

En un sartén pondremos el aceite vegetal y calentaremos a fuego medio, pocharemos la cebolla y agregaremos el ajo, los chiles anchos, los chiles guajillo y el tomate verde. Dejaremos en el fuego durante tres minutos.

Paso el tiempo preestablecido, incorporaremos el jugo de naranja, el puré natural de tomate, las hojas de laurel, el clavo, el orégano, el comino y la pimienta negra entera. Dejaremos en el juego durante 5 minutos con la finalidad de que todo obtenga una consistencia más suave. Sazonaremos con sal al gusto. Quitaremos del fuego y dejaremos enfriar un poco.

En una licuadora pondremos todo lo que hemos preparado, y trituraremos durante 5 minutos o hasta obtener una textura fina. Colocaremos todo esto en un contenedor y reservaremos.

En otro sartén colocaremos un poco de aceite vegetal y lo calentaremos a temperatura alta, echaremos los hongos y sazonaremos con sal al gusto. Dejaremos los hongos por 3 minutos a fuego alto para obtener una costra ligeramente dorada y caramelizar, esto logrará potenciar mucho el sabor del mixiote. Una vez logrado, retiraremos la proteína vegetal del fuego. Paso opcional, también puedes armar tu mixiote con los hongos crudos.

Para armar cada mixiote colocaremos un cuadro de aluminio, encima de él un cuadro de papel encerado, tomaremos un poco de salsa como base y la rociaremos encima, colocaremos una hoja de aguacate, los hongos previamente cocidos, y bañaremos todo con un poco más de salsa. Cerraremos las esquinas del papel y aseguraremos cada bulto con un nudo hecho con hilo de algodón.

En una vaporera colocaremos agua y calentaremos, cocinaremos los mixiotes por 15 minutos y retiraremos una vez pasado el tiempo. Serviremos con una ensalada encima y acompañaremos con frijoles de la olla.

Receta Número 7:

Flor de calabaza rellena de queso

Más que un plato fuerte, esta receta podría ser considerada una botana que puede consumirse por vegetarianos o personas de régimen alimenticio un poco más amplio. Se trata de una preparación saludable que podría obtener el protagonismo de tus reuniones evitando el consumo de alimentos súper procesados.

Para 6 porciones, necesitaremos los siguientes ingredientes:

30 zucchini blossoms fresca

250 gramos de queso a elección

1 huevo ligeramente batido

1 taza de harina

1/4 tazas de aceite vegetal

Sal al gusto

Pimienta al gusto

Preparación:

Comenzaremos por limpiar la flor de calabaza retirando el palillo del medio. Cuando estemos listos, rellenaremos cada una de las flores con un poco de queso a elección. El queso deberá de estar rallado para lograr que se derrita con mayor facilidad.

En un contenedor batiremos el huevo con dos cucharadas de agua, colocaremos sal y pimienta a nuestro gusto. En otro contenedor se pondrá la harina, la cual también deberemos de sazonar al gusto.

Prepararemos un sartén caliente con aceite sobre fuego medio, cuando tome temperatura pasaremos cada una de las flores rellenas por el huevo, permitiendo que esta mezcla batida la llene por completo, escurriremos y pasaremos por la harina. Freiremos en el aceite 2 minutos por cada lado, o hasta que consigamos que el queso de adentro esté derretido y la flor dorada.

Al terminar de freír, pasaremos las flores a una toalla de papel y le quitaremos el exceso de aceite. Las flores se servirán calientes y podrán ir acompañadas por salsa y limón.

También es posible hacer esta misma botana sin el aceite. Si quieres una receta más saludable, evita el capeado y simplemente asa las flores rellenas con un poco de aceite en aerosol.

Receta Número 8:

No te olvides de la lasaña y sustituye la carne por verduras

La pasta en todas sus presentaciones es, sin duda alguna, lo que siempre suele gustar a cualquier edad, y en cualquier momento. Sin embargo, la lasaña es esa preparación que guardamos de manera específica para alguna ocasión especial, como un día festivo, o un cumpleaños, independientemente del relleno que decidamos colocarle.

Con la finalidad de que nuestro estilo de vida no nos limite, en esta ocasión prepararemos una lasaña que podrá ser el plato elegido de cualquier celebración. Lo único que necesitaremos será verduras, y conocer la forma en la que se irán distribuyendo a través de las capas.

Si bien en esta receta se brinda una sugerencia de verduras, estas pueden ser modificadas según la preferencia del lector, solo es necesario que se organicen bien las cocciones y se planifique bien el encaje que tiene ciertos sabores o texturas con otros.

Para cuatro personas se necesitarán los siguientes ingredientes:

1 berenjena

1 brócoli

12 champiñones

2 zanahoria

75 g Espinaca fresca

Pasta para lasaña

Salsa bechamel

Salsa de tomate

Queso Parmesano

Preparación:

Lo primero en esta receta son las salsas. Es necesario tener preparado una salsa bechamel casera y una de tomate frito. También es posible comprarlas preparadas.

Para hacer la salsa bechamel en casa tendremos que colocar un sartén al fuego y añadir mantequilla sobre él. Al momento de lograr que se funda, agregaremos 50g de harina y moveremos consiguiendo la formación de una basta. Dependiendo de la textura que se busque (más fina o espesa) tendremos que jugar con las porciones de ambos ingredientes. Agregaremos la leche paulatinamente y nunca dejaremos de mezclar. Para evitar que se formen grumos podemos hacerlo con un utensilio con varillas. Añadiremos sal y un poco de nuez moscada.

La salsa de tomate es la clásica de siempre.

Deberemos cocinar los ingredientes con la necesidad de cada uno, tomando en cuenta de que seguirán su cocción en el horno cuando coloquemos la lasaña a gratinar.

Al fondo de la lasaña vamos a colocar champiñones salteados con espinacas, por lo tanto, debemos pelarlos y laminarlos hablando de los champiñones, y saltearlos un poco hasta que logremos que cambien de color y se logre una costra dorada.

En el mismo sartén, con el fuego ya apagado, colocaremos las espinacas y debido al calor se pondrán brillantes y flexibles. Con eso es suficiente. Deberemos reservar.

En el medio de la lasaña colocaremos zanahorias y un poco de brócoli, así que picaremos estos ingredientes en trozos comestibles pero pequeños y coceremos al vapor. Para el brócoli se necesita alrededor de 2 minutos, pero la zanahorita necesitará alrededor de 5.

Sobre la lasaña pondremos berenjenas y cebolla. Pocharemos la cebolla previamente picada en tiras largas, y coceremos la berenjena cortada en dados en el microondas. Necesitará solo 5 minutos, aunque dependerá de la potencia de cada artefacto. Incorporaremos la berenjena con la cebolla, que para entonces se seguirá pochando, y dejaremos ahí hasta que consigamos que estén bien cocidas.

En un recipiente para el horno colocaremos dos cucharadas de salsa de tomate y cubriremos con dos láminas de lasaña, además de un poco de salsa bechamel. En la siguiente capa colocaremos los champiñones con la espinaca, cubriendo nuevamente con láminas de lasaña. Se colocará entonces las zanahorias y los trozos de brócoli, pondremos salsa bechamel y cubriremos con otras dos láminas de lasaña. El toque final será la cebolla con berenjena, dos láminas de lasaña y una última capa de salsa bechamel.

Encima de la pasta ya montada colocaremos queso rallado, salsa de tomate y en un horno precalentado a 180° meteremos nuestra pasta durante 30 minutos.

Naturalmente, el platillo se sirve caliente.

Para acompañar podríamos hacer una ensalada griega, cortando tomate, pepino, pimiento y cebolla, mezclamos todo en un contenedor, agregamos poco de sal al gusto y aceite de oliva. Colocamos olivas y rematamos con un poco de queso feta cortado en dados. Podemos agregar orégano, limón y acompañar la pasta y la ensalada con un poco de pan.

Receta Número 9:

Garbanzos con Espinacas

Los garbanzos con espinacas suelen ser recetas completísimas. Especialmente en los días de frío, aunque se puede comer durante todo el año. Un plato caliente, nutritivo y lleno de proteínas que pueden alcanzar los 20g por cada 100g de esta legumbre, vitamina C y el calcio de las espinacas. Además, también tendrá otros nutrientes, entre ellos, las sanadoras propiedades del ajo. Un plato completo donde sin apenas grasa. Tan solo, el aceite de oliva que añadamos, pero, todos conocemos también las propiedades beneficiosas de este ingrediente. Así que, veamos cómo hacer estos garbanzos con espinacas de forma muy sencilla.

Para 4 personas se necesita los siguientes ingredientes:

400g de garbanzos

500g de espinacas

1/2 cebolla

2 dientes de ajo

1 cucharadita de pimentón dulce

1 pizca de comino

sal y pimienta

Aceite de oliva

Preparación:

Noche anterior, pon los garbanzos en remojo, con abundante agua, tanto que los cubra y más de sobre en un envase grande. Al menos con dos dedos por encima ya que los garbanzos crecerán y absorberán mucha agua. Añadimos una cucharadita de bicarbonato o un puñadito de sal y lo dejamos toda la noche.

En el día de preparación los escurrimos y los llevamos en una olla. Los cubrimos nuevamente con más agua fresca. Lo tapamos y dejamos cocinar alrededor de 2 o 3 horas dependiendo el tipo de garbanzo, hasta que estén blandos. Si utilizas una olla express, su tiempo se reduce, en 30 minutos, más o menos ya estarán listos.

Mientras se cocinan, preparamos el sofrito que va a acompañar a los garbanzos con espinacas. En una cazuela ponemos un chorrito de aceite de oliva y lo vamos a calentar a fuego muy suave. Cuando esté caliente, añadimos los dientes de ajo bien picados con un cuchillo. Dejamos que se cocinen aquí alrededor de unos dos minutos.

A continuación, agregamos la cebolla de igual forma bien picada y salpimentamos. Removemos todos los ingredientes y dejamos que se cocine unos 10 minutos manteniendo el fuego suave.

Luego agregamos las espinacas. Subimos la potencia del fuego y revolvemos con frecuencia. Cuando la espinaca haya reducido su volumen, añadimos una cucharadita de pimentón y una pizca de comino molido. Mezclamos todo brevemente y cuando los garbanzos ya estén bien cocidos, los agregamos junto con el agua de la cocción a esta elaboración. Mezclamos nuevamente, añadimos sal a gusto, tapamos y dejamos que se cocine unos 20 minutos.

Los garbanzos con espinacas son una receta que tarda un poco en hacerse si no los haces en olla a presión, pero, son muy fáciles de hacer. Es más, puedes hacer otras cosas mientras se cocinan. Por otra parte, también puedes dejarlos hechos con varios días de antelación. En la nevera, aguantan fácilmente 4 o 5 días. Además ¡de un día para otro están más deliciosos!

Receta Número 10:

Ensalada de papa y aguacate

Vamos a preparar esta ensalada como un plato frío que se hace en muy pocos minutos. Una ensalada ligera y saludable, en la que utilizaremos apenas 3 ingredientes. Sólo hay que cocer unas papas (patatas), cortar, y mezclar. Ideal para un día de mucho calor. Vamos a usar aguacate (palta), una fruta que gusta mucho, por sus propiedades saludables y su sabor propio y jugoso. Y la vamos a aliñar con vinagre de manzana y aceite de oliva. Para 4 personas solo necesitas lo siguiente:

> 4 patatas medianas
>
> 2 cebolletas
>
> 2 aguacates
>
> 100g de perejil fresco
>
> Vinagre de manzana
>
> Aceite de oliva
>
> Sal

Preparación:

En una olla, ponemos las patatas (papas) sin pelar y añadimos agua hasta que queden bien cubiertas. Lo calentamos, y dejamos que las patatas se cocinen durante 35 minutos. Pasado este tiempo, las pinchamos con un cuchillo o tenedor para comprobar si están completamente cocidas. Si el cuchillo las atraviesa con facilidad hasta el centro, puedes retirarlas del fuego y escurrir el agua.

A continuación, retiramos la cubierta de las patatas. Las picamos en trozos medianos, y las colocamos en una ensaladera más o menos grande.

Luego cortamos la cebolla en juliana, es decir, en tiras finas. Retiramos la piel y el coco del aguacate, y lo cortamos en láminas de tamaño de bocado. Ponemos todo en el bol, y añadimos perejil bien picado.

Para finalizar, añadimos una pizca de sal a gusto, un chorrito de aceite y otro de vinagre. Removemos para que todos los ingredientes se mezclen perfectamente y ya tenemos esta ensalada de patata y aguacate lista para servir ¡Sana y exquisita!

Consejos

Ser vegetariano es una decisión complicada, no la tomes sin antes haber consultado a tu nutriólogo de confianza.

Hay distintas maneras de incorporar un nuevo hábito a nuestro estilo de vida, aquí te compartimos algunas para que no te resulte tan complicado.

1. Abandona las carnes de forma paulatina.

Poco a poco ve incrementando tu ingesta de recetas preparadas con vegetales. Sin duda, complicarás mucho tu proceso si de un día a otro, cortas el consumo de carne.

Puedes ir eligiendo días en los que prohibirás recetas con la inclusión de carne de cualquier tipo, y darte un espacio para recrear tus recetas favoritas, investigar sobre las posibilidades que encontrarás en la cocina solo teniendo el uso de distintos vegetales y terminar con este hábito poco a poco.

Hay muchas páginas en internet que podrán decirte cómo sustituir la carne en las recetas de tu preferencia. Prueba haciendo las que más te llamen la atención y pronto descubrirás que ser vegetariano no es sinónimo de comer césped del patio trasero de tu vecino.

2. Abandona un tipo de carne a la vez

Como se ha mencionado anteriormente, es importante no intentar parar con el consumo de golpe, pues un cambio muy drástico en tu rutina podría imposibilitarte el sostener este estilo de vida durante un tiempo prologado. Si te vas a los extremos es posible que no logres ser consistente con lo que deseas.

Puedes eliminar un tipo de carne cada semana, planificando cuándo harás qué cosa y preparando, incluso, una "última comida" con la finalidad de despedirte de dicho alimento. Si has tomado la decisión de entrar a un estilo de vida vegetariano es posible que no necesites despedirte de una forma especial, pues muchos vegetarianos suelen tener un alivio al adoptar este estilo de vida.

3. Busca reemplazos de base vegetal en el supermercado.

Para controlar una necesidad o un antojo, puedes buscar sustitutos para carne disponibles en tu supermercado más cercano. ¿Qué tipos de productos del estilo existen? Por ejemplo, las hamburguesas vegetarianas, las chuletas a base de trigo, el tocino de papel de arroz, o productos similares. No es recomendable que hagas esto todos los días, pues no hay que olvidar que los productos en estos tipos de comercios cuentan con una gran cantidad de conservadores y químicos que facilitan su transporte, y prologan su tiempo de vida útil.

No obstante, de vez en cuando puedes acercarte a esta opción.

Lo más importante será la creatividad, pues si basas tu vida de vegetariano en la preparación de distintas ensaladas, muy fácil perderás el encanto. Acércate a distintos menús y libros de recetas enfocados a tu nuevo régimen, y permítete el tiempo de explorar todas las opciones que te ofrece una cocina basada en los vegetales. Pero, sobre todo, ¡no dejes de informarte! Recuerda que la salud tiene constantes descubrimientos, y es importante que siempre seamos capaces de elegir lo mejor para nuestro organismo.

RECETAS CON LECHES VEGETALES

Introducción

¿Por qué las leches vegetales son la mejor alternativa a la leche de animal?

La popularidad de las leches vegetales ha ido en crecimiento. La leche de vaca sigue siendo la más popular según las ventas al por menor, sin embargo, las alternativas no lácteas alcanzaron durante el año pasado una cifra estimada de 2,950 millones de dólares, un 54% más durante los últimos cinco años, según la empresa de estudios de mercado Mintel en el 2021. ¿A qué se debe este crecimiento exponencial?

Sin duda, son los beneficios de un producto los que suelen posicionarlo dentro del mercado; las leches vegetales no son la excepción a esta regla por excelencia. No obstante, antes de adentrarnos a hablar sobre esta gran alternativa a la lactosa, ¿cuál o cuáles son las razones por las que debemos considerar a estos grandes aliados (las leches vegetales) dentro de nuestra dieta nutricional?

Una de las principales razones por las que surgió esta alternativa es la intolerancia, pero ¿sabes por qué surge esta reacción en nuestro cuerpo contra la leche de vaca? Pues bien, nosotros, al nacer, tenemos una enzima denominada lactasa. Es una proteína, y se encarga exclusivamente de "desdoblar", o en términos simples "procesar", la lactosa que consumimos. Es el envejecimiento el que va afectando esta capacidad de digerir la leche, y es ahí cuando surgen molestias tras su consumo. Aunado a esto, se debe considerar que el consumo de leche de vaca y derivados aumenta los niveles en sangre de IGF-1 o factor de crecimiento insulínico tipo 1, asociado directamente con el crecimiento de células cancerosas. Además, se relaciona a diversos trastornos del sistema reproductor de la mujer, favorece la acidez metabólica, tiene efectos sedantes y posibles negativos en la estabilidad emocional, entre otros.

Pero hablemos del medio ambiente y las vacas lecheras. El metano es el gas responsable del 25% del calentamiento global. Solo en California, el 45% de las emisiones de dicho gas provienen de las vacas. En contraste, las almendras dejan una huella ecológica diez veces menor.

Por otra parte, la explotación de las vacas lecheras reduce naturalmente su esperanza de vida. El proceso para conseguir el vaso de leche de vaca que sirves durante cada desayuno a ti, o a las personas que viven contigo, es el siguiente;

Las vacas son seleccionadas de manera genética para ser destinadas a la producción láctea. Cuando dichos animales alcanzan cierto rango de edad, suelen ser subastados y trasladados a su último destino de vida. Usualmente, suelen estar encerrados durante los años posteriores.

Antes de continuar, se debe señalar que las vacas lecheras son hembras mamíferas, por lo que, al igual que un ser humano, para que sea posible la producción de leche es necesario que se reproduzca (que la vaca tenga crías) de forma constante. Para ello son inseminadas artificialmente, y tras el nacimiento de un nuevo ternero, se separan de sus crías y continúan haciendo su labor impuesta de producción. La vaca dará leche durante diez meses antes de dejar de dar leche. Antes de que se cumpla ese período, la vaca volverá a ser inseminada, y el ciclo se repetirá.

Para el beneficio de la producción, a las vacas lecheras se les suelen administrar antibióticos, hormonas y tranquilizantes que afectan la calidad en el producto final. Es válido preguntarnos; ¿las hormonas de estos animales afectan nuestra salud? Lo cierto es que sí.

Al ser un tema en el que la humanidad ha prestado especial interés en los últimos años (la calidad de nuestros alimentos y el impacto de la falta de ella en nuestro organismo), los investigadores han estudiado las hormonas que se encuentran irremediablemente en la leche de vaca y expresado preocupación. Como se ha mencionado dentro de la explicación de la explotación de las vacas lecheras, para poder cubrir con la demanda y reducir el tiempo en el que estos animales no producen leche, las vacas deben ser preñadas durante la producción. Por esta razón, hay una cantidad considerable de estrona, sulfato de estrógeno y progesterona en la leche, y desde luego, los productos lácteos.

El cuerpo humano es capaz de absorber y verse afectado por estas hormonas. El consumo de las hormonas en estos productos desequilibró las hormonas de nuestro cuerpo.

¿Es una mejor opción las leches vegetales? Sí, tanto para la calidad de vida de estos animales, como para la nuestra también.

Actualmente, contamos con una gran variedad de leches vegetales a nuestro alcance, entre las más populares: la leche de soja, leche de almendras, leche de avena, leche de arroz, leche de coco y leche de frutos secos.

Los beneficios del consumo de la leche vegetal se extienden más allá de nosotros, cubriendo el sector del medio ambiente también. Al no poseer ningún producto de origen animal, el principal atractivo de estos productos son sus bajos niveles en grasa, además de su enriquecimiento en vitaminas B. Al no contener lactosa dentro de sus propiedades ni alterar los niveles de colesterol debido a los bajos porcentajes de grasa que poseen, las leches vegetales son buenas compañeras dentro de las dietas veganas.

Si tienes problemas por padecer de una lenta digestión o estreñimiento, colon irritable o hipercolesterolemia, las leches vegetales son tu mejor opción. ¡Por tu salud!

El origen por el consumo de las leches vegetales se debe, en gran parte, por la demanda de aquel público con alergia o intolerancias. No obstante, en la actualidad, estos productos han tenido un gran crecimiento desde que comenzamos a hacernos más conscientes de lo que consumimos. ¿Qué nos estamos llevando a la boca? ¿Con qué nutrimos a nuestro cuerpo? El gran problema de la nutrición es la publicidad, y la publicidad no es más que el arte de manipular la verdad a conveniencia, diciendo con ella incluso un par de mentiras.

Si bien, las leches vegetales no contienen lactosa, también carecen de gluten y colesterol, este último puede variar de acuerdo al ingrediente principal con el que se ha elaborado la bebida vegetal. Además, las alternativas a la lactosa contienen más fibra dentro de sus características siendo más fácil de digerir. Es por esto por lo que, anteriormente, se ha recomendado para el consumo de personas con ciertos padecimientos del tracto digestivo.

Hay beneficios como los antes mencionados que resultan un poco obvios, incluso quizá lo sabías, pero una de las ventajas que tiene el consumo de estos productos es la posibilidad de crear tu propia versión en casa, ¡completamente casera! Con la leche de vaca, o similares, ¿cómo podríamos hacernos de nuestra propia bebida? No hay otra forma de obtener leche de vaca que a través de una lechera. ¿Y dónde metemos nosotros una vaca?

La ventaja de las leches vegetales es justamente esa; resulta, naturalmente, mucho más sencillo adquirir un par de almendras que a una vaca a la cual podamos ordeñar.

Como es entendible, tanto la leche de vaca como las leches vegetales en general, son el resultado de una producción masiva cuya distribución obliga al uso de conservadores y otros aditivos. ¿Sabías que hay aditivos prohibidos en ciertos países en pro a la salud de sus habitantes, y autorizados en otros territorios? Como podrías sospecharlo, un aditivo no deja de ser más dañino o comienza a ser más saludable según el conjunto de kilómetros que lo rodean, por lo que hay que admitir que muchas veces nuestra salud es cuestión de política.

La producción, los conservadores y aditivos en general que se le agregan a las fórmulas para que su tiempo de vida logre extenderse más, y en la distribución no ocurra ningún inconveniente, suele disminuir el aporte nutrimental de un producto. Así que, la posibilidad de que puedas generar este alimento dentro de las cuatro paredes de tu casa te confirma que recibirás una bebida más saludable, pues evitarás el consumo de ciertos químicos y conservadores.

No solo se trata de hablar sobre el abandono de la leche de vaca, o los productos de origen animal, sino de pensar en nuestra salud. ¿Por qué otra cosa cambiaríamos nuestro estilo de vida y rediseñaríamos desde los detalles nuestro plan alimenticio? Y si en el camino a nuestro bienestar conseguimos apoyar a movimientos respetables, como lo es la reducción de la demanda a los productos de origen animal, ¡pues mejor!

Las leches vegetales más consumidas son:

Leche vegetal de almendras

Además de lo obvio; la ausencia de lactosa en ella, la leche de almendra suele tener un alto contenido de vitamina E. La vitamina E es conocida por ser un antioxidante natural que ayuda con la prevención del cáncer y retrasas los procesos del envejecimiento. También cuenta con vitamina A y D, es una gran fuente de proteínas, hierro, zinc, calcio, omega 6, entre otros.

En comparación con la leche de soya, la lache de almendras tiene un contenido calórico más bajo y un nivel alto de fibra natural. Los beneficios de la leche de almendras se extienden hasta la pérdida de peso, debido a que su incorporación en la dieta reduce el contenido calórico que consumimos a diario.

Su consumo frecuente fortalece a nuestro corazón, cabello y uñas, mejora los niveles de colesterol bueno y reduce los niveles del colesterol malo, regula nuestras funciones gástricas.

Leche vegetal de coco

La leche de coco está enriquecida con minerales como el magnesio, calcio y potasio, teniendo como principal aporte calórico el porcentaje de grasa de esta bebida, tanto insaturadas como saturadas. Este contenido de grasa nos ayuda con el control de nuestro apetito, regulándolo y ayudándonos a mantener una ingesta de alimentos saludable hablando de las cantidades.

Según diversos estudios, esta bebida puede ayudarte en ese proceso que a veces suele resultar frustrante; la pérdida de peso, pues el consumo de esta bebida está relacionado con favorecer el comportamiento de nuestro metabolismo.

Gracias a sus ácidos grasos, la leche de coco te puede ayudar a reducir los niveles de colesterol y reducir el riesgo de padecer una enfermedad cardiovascular. La leche de coco es un producto de absorción rápida, por lo que es una fuente de energía exprés.

Esta bebida es de bajo contenido de carbohidratos, así que con ella puedes controlar la glucemia. Te ayuda a la prevención o erradicación de calambres por los minerales que la enriquecen y hemos mencionado anteriormente.

Leche vegetal de arroz

La leche de arroz es baja en grasa por naturaleza, siendo ideal para aquellas personas que busquen lograr una pérdida de peso. Contiene gran cantidad de nutrientes que hace de esta bebida una recomendada para todo tipo de público. Entre esos nutrientes, encontramos minerales como el almidón, hierro, magnesio, potasio, entre otros. Podrás encontrar en esta bebida vitamina D y B12, además de Omega 3 y 6.

La leche de arroz tiene un gran contenido de carbohidratos, por lo que, sin duda, es una gran fuente de energía para comenzar el día. El proceso para realizar esta bebida en casa es muy sencillo, pues solo necesitamos una taza de arroz, doce de agua y un poco de canela, siendo un proceso económico en comparación con la leche de almendra.

Como lo logran las leches vegetales anteriormente mencionadas, nos ayudan a la prevención de posibles problemas en el corazón, estimulan nuestro sistema inmunológico, favorece nuestra digestión, siendo por excelencia una bebida "ligera".

Leche vegetal de soya

El consumo de leche de soya nos ayuda con la regulación de nuestro metabolismo, además de la posible prevención ante la aparición del cáncer, por lo que está recomendada dentro de la dieta de las mujeres posmenopáusicas ya que esta bebida también equilibra el sistema hormonal de la mujer.

La leche de soya nos ayuda a reforzar nuestra estructura ósea, una característica que las anteriores leches vegetales no comparten. Esta bebida ayuda con la prevención de la osteoporosis en mujeres.

Además, este producto tiene efectos antioxidantes, previene el daño hepático, evita el aumento de peso, regula los niveles de colesterol ya que tiene muy poca grasa saturada, y ayuda durante el embarazo.

Esta leche vegetal es una de las mejores alternativas, con los mejores beneficios.

Leche vegetal de avena

La leche de avena nos mantiene hidratados, nos ayuda a regular nuestro apetito ya que brinda saciedad, es fácil de digerir y ayuda a complementar nuestra dieta.

Esta leche está indicada para aquellas personas que presentan problemas intestinales, ya que regula la flora intestinal con el gran aporte de fibra vegetal que nos brinda su consumo. Aunado a ello, regula los niveles de azúcar (situación que se ha comprobado con la reacción al consumo de personas que padecen diabetes), ofrece una gran dosis de grasas "buenas" que nos ayuda a mantener nuestros niveles de colesterol saludables, evitando la acumulación de grasa en las paredes de nuestras arterias.

Ayuda con la mejora de los músculos y los huesos, protege a nuestro sistema nervioso y la prevención de calambres.

Al igual que el arroz y maíz dulce, la avena pertenece al grupo de alimentos con mayor contenido de melatonina por gramo, ofreciendo además una gran concentración de vitaminas y minerales.

Ahora que conoces los beneficios particulares de las bebidas vegetales más consumidas a nivel mundial, es tiempo de enseñarte cómo podrías aplicarlas en diferentes recetas que te enseñarán que lo "saludable" no es sinónimo de "aburrido".

Recetario

Una duda común que se nos cruza en la cabeza al hablar sobre bebidas vegetales es: ¿solo sirven para preparar cosas dulces? La respuesta es un rotundo no. Las leches vegetales se adaptan a la perfección a recetas dulces y saladas, por eso, a continuación, te enseñaremos a preparar una crema de hongos, algo natural y común dentro del menú cotidiano y familiar, con un toque extra; en lugar de usar leche de vaca, ¡usaremos leche de avena!

Receta Número 11:

Toma tu leche de avena y prepara una crema de hongos

Para esta receta necesitarás leche de avena completamente casera. Puedes pensar en hacerla cuando sea tiempo de preparar otra tanda de leche de avena, porque necesitarás la pulpa que sale durante su producción. El primer producto será una crema de champiñones que podrá utilizarse para diferentes platillos como un untable, o una sopa. El siguiente paso será realizar esta última presentación.

Es importante mencionar que los champiñones son una gran fuente de minerales como el selenio, magnesio, fósforo, calcio y potasio, además de vitaminas como B1, B2, B3, C, D, E, entre otros. También son una gran opción como proteína vegetal y contienen fibra.

Para la primera parte de esta receta vas a necesitar:

150 ml de leche de avena casera

50 gr de pulpa de la leche de avena

12 champiñones grandes

1 chorrito de aceite oliva virgen

1 cebolla roja mediana

2 dientes de ajo

1 guindilla

Nuez moscada y/o pimienta negra al gusto

Sal al gusto

Preparación:

Necesitarás picar la cebolla, los dientes de ajo y los champiñones en trozos.

Cuando tengamos esto listo, colocaremos un poco de aceite a elección en un sartén sobre fuego bajo o lento, y una vez listo, agregaremos la cebolla dejando que se poche un poco.

Una vez logrado, se agregará la guindilla, los champiñones y los ajos en trozos. Agregaremos sal y moveremos durante cinco minutos. Esto puede variar según la capacidad de tu hornilla.

Pasados los cinco minutos, retiraremos la guindilla y colocaremos nuestro ingrediente principal: la leche de avena. Además, será momento de incorporar la pulpa y especias al gusto. También puedes omitir este paso; las especias son completamente opcional.

Mezclaremos todo bien y permitiremos que la mezcla se quede durante otros tres minutos a fuego lento revolviendo de vez en cuando.

Fuera del fuego, llevaremos la mezcla a triturar. Puede ser manual o con la ayuda de algún artefacto electrónico. Y así conseguimos una crema de champiñones de uso versátil.

Sin embargo, la receta no termina aquí…

Prepara una sopa de champiñones y avena

Para lograr una sopa de sabor infalible necesitaremos dos cosas: caldo de verduras y la masa que hemos preparado con anterioridad. Ambos requisitos deberán colocarse en un 50/50; ninguno más que el otro en cuestión de cantidad.

Prepara tu caldo de verduras al gusto, coloca en la mitad del bol la masa base de champiñones con avena caliente, y rellena la otra mitad con el caldo que has preparado.

Mezcla bien.

Descubrirás que las bebidas vegetales tienen muchas aplicaciones, ¡y todas ellas deliciosas!

Receta Número 12:

Torrijas veganas sin gluten

La torrija o tostada francesa suele usar huevo y leche de vaca en su preparación. Por eso, en esta ocasión, presentamos una manera diferente de hacerlas, completamente veganas y libres de gluten.

Este postre, que también suele ser usado como desayuno o cena, se hace con la finalidad de darle un uso al pan duro, resultando en una receta económica que alegra el paladar de cualquiera.

Se puede hacer uso del pan duro porque se remoja en leche con vainilla y canela, se pasa por huevo previamente batido y termina friéndose en un sartén con aceite. Se sirve con un poco de azúcar, canela, u otros saborizantes.

Pero… ¿Cómo podemos adaptar esta receta para los regímenes de veganismo?

Bien, pues primero deberemos de conseguir huevo… vegano. Suena algo completamente imposible, pero lo cierto es que es bastante sencillo. Para hacer huevo vegano mezclaremos una cucharada de harina de garbanzo con una cucharada de la leche vegetal de tu preferencia. Con esto es suficiente. Se mezcla bien y se evita la formación de grumos. Así obtenemos un huevo vegano.

Torrijas o tostada francés con leche de arroz y sésamo

Este postre es sumamente sencillo, pues solo se necesita pan, leche y huevos. Para convertir a esta receta como apta para veganos, usaremos leche de arroz y sésamo que haremos desde cero.

Ingredientes para la preparación de leche de arroz y sésamo:

40 gr de arroz blanco

50 gr de semillas de sésamo tostado

½ cucharadita de canela

Ralladura de limón

1 cucharada de sirope

Ingredientes para la preparación de las torrijas o tostadas:

Leche de arroz y sésamo

12 rebanadas de pan de tu preferencia

Azúcar de caña integral

Canela en polvo

Aceite de nuestra preferencia

Preparación:

Para la leche necesitamos colocar el arroz y el sésamo tostado en un vaso con filtro. Nos desharemos del agua de remojo. Colocaremos medio litro de agua caliente en el recipiente y batiremos con una batidora de mano a máxima velocidad durante 2 minutos.

Deberemos prensar muy bien la pulpa para colar la leche en su totalidad.

Pasaremos la leche de arroz y sésamo en una olla sobre fuego lento y una vez ahí le colocaremos la canela, la ralladura de limón y el sirope. Se dejará cocer a fuego lento durante 7 minutos.

Nuestro pan deberá de tener un mínimo de 1 centímetro de grosor. A elección podrás cortarle la corteza, pues extrayéndola logramos que la miga absorba mejor la leche vegetal y todo obtiene un mejor sabor. Cada rebanada de pan deberá durar 5 minutos por lado dentro de la leche, y pasarlas por el huevo vegano que preparamos con una cucharada de agua y una cucharada de harina de garbanzo. Estas tostadas se freirán con abundante aceite.

Podemos prepararlas poniendo un poco de azúcar y canela sobre la tostada.

Esta receta resulta un gran acierto para todas las edades.

Receta Número 13:

Berenjenas al Curry con Leche de Coco

El curry es una preparación basada en la mezcla de diferentes especias que se utilizan para guisos o estofados con salsa. En esta receta, naturalmente vegana, aprenderemos a hacer un curry indio con berenjenas, ya que la textura firme de este vegetal y su gran sabor combinan a la perfección con un curry espeso y picante también.

La receta está pensada para cuatro personas y solo necesita 30 minutos de tu tiempo para estar lista. A continuación te enlistamos lo que necesitas para ella.

300 g de berenjenas

100 g de garbanzos cocidos

2 puerros

200 ml de leche de coco

1 cucharada de pasta de curry amarillo

2 guindillas rojas

3 cucharadas de cilantro picado

3 cucharadas de perejil picado

Aceite de oliva virgen

Salsa de soja

Sal y pimienta al gusto

Preparación:

Comenzaremos limpiando las berenjenas, lavándolas y picando cada una en trozos pequeños. Haremos lo mismo con los puerros, lavándolos y cortándolos en rodajas o anillos. Prepararemos las guindillas rojas y las picaremos también.

En un sartén a fuego medio alto vamos a calentar 2 cucharadas de aceite y colocaremos todas las verduras, incluido los garbanzos que ya deberán haber tenido una previa cocción para este paso. Todo junto, sobre el sartén permanecerá 8 minutos o hasta lograr suavidad en la berenjena, removiendo bien para lograr dorarlas completamente. Una vez logrado, retiraremos del fuego y reservaremos.

En una olla pondremos la leche de coco y la pasta de curry, tendremos que esperar a que se logre la ebullición mientras movemos constantemente. Cuando suceda, agregaremos las verduras y les permitiremos 2 minutos en el fuego.

Pondremos el cilantro y el perejil a la preparación,

sazonaremos todo a nuestro gusto con sal, pimienta y salsa de soja, y serviremos.

Puedes acompañar con un arroz. Esta receta también puede funcionar como acompañamiento de un plato principal.

Receta Número 14:

Tarta de Zanahoria

Esta tarta de zanahoria demandará un poco de tiempo, alrededor de una hora y veinte minutos, y alcanzará para doce personas. Es una receta ideal para una celebración, una reunión o para saciar un antojo sin afectar nuestro estilo de vida saludable. Además, impresionarás a todo aquel que crea que lo vegano tiene que ser insípido.

En esta receta encontrarás vitaminas como la A, E y K.

Para el pastel vamos a necesitar:

2 ¼ tazas de harina

3 cucharaditas de levadura

1 cucharadita de bicarbonato de sodio

3 cucharaditas de canela

½ cucharaditas de nuez moscada

1 cucharaditas de sal

½ taza de puré de manzana

1 taza de la leche de almendras

2 cucharaditas de vainilla

1 taza de azúcar de caña

½ taza (derretida) de coco o aceite de canola

2 tazas de zanahoria rallada

Para el glaseado necesitarás:

½ taza de nueces de macadamia crudas (empapado, escurridos y enjuagados)

½ taza de anacardos crudos (empapado, escurridos y enjuagados)

¼ de taza de leche de almendras

¼ de taza de jarabe de arce

2 cucharadas de aceite de coco

1 cucharadita de vainilla

2 cucharaditas de jugo de limón

½ cucharadita de sal

Preparación:

Vamos a prender el horno y lo vamos a colocar a 200° C.

En un recipiente grande mezclaremos la harina, la levadura, el bicarbonato, la canela, la sal y la nuez moscada. En otro contenedor incorporaremos el puré de manzana con la leche de almendras, la vainilla, el azúcar el aceite.

Una vez realizado, vamos a mezclar los ingredientes secos con los húmedos, mezclando muy bien todo. Agregaremos las zanahorias y revolveremos nuevamente hasta que todo esté muy bien incorporado.

Hornearemos esta mezcla en un molde para horno durante 30 o 40 minutos. Cuando esté lista, tendremos que dejar enfriar el pastel completamente y entonces meterlo al refrigerador.

Vamos a combinar todos los ingredientes para el glaseado en una batidora de alta velocidad. Comenzaremos por la velocidad más baja y aumentaremos paulatinamente la velocidad. Como la mezcla será muy espesa entonces, con la finalidad de ayudar un poco con el movimiento de cuchilla, podemos agregar una cucharada extra de leche de almendras. También, para conseguir la receta a tu gusto, podrás agregar más azúcar o más limón. Batiremos hasta que logremos una consistencia muy suave.

Antes de aplicar el glaseado deberemos permitir enfriar durante 30 minutos.

¡Y listo!

Receta Número 15:

Quiché de calabacín

El quiché es una tarta salada que es tan versátil como la pizza, pues los ingredientes que usamos en esta pueden ser muchos y muy variados, solo necesitamos un poco de imaginación para crear algo extraordinario.

En esta ocasión pensamos en el calabacín, justo en la búsqueda de un platillo suave, gentil, ligero, pero sobre todo; vegano. Además, no podemos olvidar que es rico en minerales.

Para esta receta necesitarás una hora y media, consiguiendo porciones para cuatro personas.

Para la masa necesitaremos:

1 taza de harina de garbanzos

3 cucharadas de sésamo tahini

3 cucharadas de leche de soja

1 cuchada de aceite vegetal

Para el relleno necesitaremos:

2 calabacines medianos

450 gr de tofu firme drenado

1 ½ cucharaditas de orégano, albahaca o romero

½ cucharadita de cúrcuma

½ cucharadita de chile en polvo

½ cucharadita de sal marina

⅛ cucharadita de pimienta de cayena

½ cucharadita de jarabe de arce

⅓ taza de pimiento rojo dulce cortado en cubitos

2 cucharadas de cebolla picada

3/4 taza de queso rallado vegano

Pimienta recién molida, al gusto

1/2 cucharadita de pimentón dulce

Preparación:

Prepararemos el horno a 180º C. En un molde para horno de

alrededor de 20 centímetros rociaremos levemente un poco de aceite.

Para la preparación de la masa colocaremos en un tazón mediano nuestra harina de garbanzo, la pasta de sésamo y la leche de soja. Mezclaremos hasta que la masa forme pequeñas bolitas parecidas a grandes guisantes. Debes estirar la masa para probarla. Si todavía es demasiado quebradiza para formar una bola debemos agregar un poco más de leche, máximo 3 cucharadas.

Formaremos una bola con la masa y la colocaremos en el molde que hemos preparado. Presionaremos la masa suavemente y de forma uniforme sobre el fondo, solamente alcanzando hasta la mitad por los lados del molde. Hornearemos la masa durante 7 minutos. Sacaremos y permitiremos enfriar durante 20 minutos.

Mientras la masa se termina de cocer, cortaremos el centro del calabacín en 12 rebanadas muy delgadas. Esto lo vamos a usar para adornar.

Vamos a rallar el resto de los calabacines hasta llenar 1½ tazas aproximadamente. Necesitaremos drenar el exceso de líquido de este vegetal, así que colocaremos el calabacín rallado en un colador fino y lo pondremos sobre un tazón mediano.

Mientras se drena el exceso de líquido, trituraremos el queso de soja o cualquier queso vegano, junto con el orégano, romero o albahaca, la cúrcuma, el chile en polvo, la sal y la pimienta. La mezcla deberá de quedar muy suave.

Deberemos de presionar un poco el calabacín rallado sobre el colador, esto con la finalidad de eliminar el exceso de líquido lo más que sea posible. En un recipiente grande colocaremos el calabacín y el jarabe de arce, y revolveremos todo suavemente para cubrir. Luego, colocaremos el pimiento rojo y la cebolla, y volveremos a mezclar para combinar.

Añadiremos el tofu a la mezcla que estamos haciendo y vamos a alisar la parte superior. Espolvoreamos el pimentón y hornearemos durante 50 a 60 minutos hasta que el centro logre consistencia.

Antes de cortar trozos deberemos dejarlo enfriar, mínimo 60 minutos antes de servir. De lo contrario, la tarta podría deshacerse.

Esta quiché de calabacín vegana se puede servir caliente o fría.

Receta Número 16:

Raviolis con setas

La pasta tradicional lleva en su preparación huevo, por lo que en muchas ocasiones no se adapta a la dieta vegana. Sin embargo, la pasta es la adoración de muchos y siempre hay una forma de adaptar las recetas para nuestra conveniencia. ¿Estás lista? Usa esta receta para saciar tu antojo, o para deslumbrar en una reunión. Necesitarás una hora para prepararla, alcanzarás a realizar cuatro porciones y cada minuto valdrá la pena.

Para la salsa de raviolis vas a necesitar:

1/4 cebolla cortada en rodajas, luego picada por la mitad

1 diente de ajo (picado)

Aceite de oliva virgen 1 cucharadita

1 lata de leche de coco

1 taza de agua

1/2 taza de anacardos crudos

2 cucharadas de copos de levadura nutricional

Jugo de limón 1 cucharada

1 cucharadita de fécula de maíz (o polvo de arrurruz o harina)

1/2 cucharadita de sal (o al gusto)

Para el relleno deberás tener:

2 1/2 tazas de champiñones (finamente picados, serán 225 gr de champiñones enteros)

1 taza de cebolla (finamente picada)

1 diente de ajo (picado)

Aceite de oliva virgen 1 cucharada

1 cucharadita de sal

1/2 taza de anacardos crudos

1/2 taza de agua

1 cucharada de perejil fresco picado

Y para la pasta:

1 1/2 taza de harina de sémola

1 1/2 taza de harina para todo uso

1/2 cucharadita de sal

3/4 tazas de agua (+ 3 cucharadas de agua)

Aceite de oliva virgen extra 2 cucharaditas

Preparación:

Comenzaremos por la salsa para los raviolis. En un sartén colocaremos aceite de oliva y pocharemos la cebolla y el ajo. La cebolla deberá de quedar suave y un poco traslúcida, cuando esto suceda retira el sartén del calor.

En una licuadora coloca la leche de coco, agua, los anacardos crudos, el almidón de maíz, el jugo de limón, la sal y los copos de levadura. Mezcla hasta que quede completamente suave.

Colocaremos la mezcla en el sartén que contiene la cebolla que hemos salteado y el ajo. Deberás revolver con cierta frecuencia hasta que la crema logre hervir. La mezcla necesitará hervir durante 3 o 5 minutos, o hasta que la espuma en la parte de arriba se haya ido por completo. Además, durante este tipo la salsa deberá espesarse. Reservaremos la salsa para después.

Para el relleno, vamos a saltear las cebollas, las setas y el ajo en aceite de oliva hasta que logremos que estén tiernos.

En la licuadora vamos a mezclar los anacardos con el agua y la sal. Mezclaremos hasta que nos aseguremos de que no existan más piezas de anacardos, y que la mezcla estará suave y cremosa.

La mezcla que preparamos la vamos a incorporar con las setas, la cebolla y el ajo. Cocinaremos a fuego medio alto durante alrededor de 5 minutos, o hasta que la crema se logre espesar.

Para la pasta pondremos en un recipiente las harinas y la sal, revolveremos hasta que esté todo bien incorporado. Con nuestras manos crearemos un hoyo en el medio.

Por otra parte, mezclaremos ¾ de taza más 3 cucharadas de agua con 2 cucharaditas de aceite de oliva. Vamos a mezclar muy rápido con un tenedor y esta mezcla la vamos a verter en el hoyo que hemos creado en la harina.

Lentamente empujaremos la harina en el aceite de oliva, y mezclaremos con un tenedor hasta que la masa sea posible de revolver. Llegado a este punto, con nuestras manos amasaremos de 5 a 8 minutos, formaremos una bola grande y la cubriremos con un plástico para evitar que se seque. Dejaremos reposar esta bola de masa alrededor de 10 minutos.

Pasado este tiempo vamos a dividir la masa en dos partes iguales. En una superficie plana, vamos a colocar un poco de harina y a cada mitad de pasta la vamos a transformar en un rectángulo de 80 centímetros por 15 de ancho. Todo esto se logrará con la ayuda de un rodillo. Terminado este paso, marcaremos 24 cuadros de aproximadamente 6 centímetros por lado.

Tomaremos el relleno que hemos preparado y serviremos 2 cucharaditas en el centro de cada uno de los cuadrados, mojaremos nuestros dedos con un poco de agua y a la vez humedeceremos las líneas de cada cuadrado. Esto nos ayudará a pegar cada lado y lograr los raviolis. Colocaremos el segundo rectángulo que hemos hecho sobre el primero que hemos humedecido, y presionaremos alrededor de cada montoncito. Cortaremos cada cuadrado de pasta con un cuchillo, y para formar los bordes decorativos usaremos un tenedor.

Para cocinar la pasta deberemos ingresarla en agua hirviendo con un poco de sal durante unos 6 u 8 minutos, o en su defecto, hasta que queden flotando. Retiraremos los raviolis del agua hirviendo y los colocaremos en un colador para drenar durante un par de minutos.

Serviremos y rociaremos nuestra salsa sobre los raviolis.

Receta Número 17:

Helado vegano con leche de coco

El helado es el postre por excelencia favoritos de muchos; grandes o pequeños, de cualquier edad y para cualquier ocasión.

En esta receta aprenderemos a hacer uno de leche de coco, con banana y dátiles. Suena interesante, ¿no? Apostamos que delicioso también desde la mención de los ingredientes.

Como hemos mencionado anteriormente, la leche de coco es una de las más conocidas y comercializadas a nivel mundial. Nos otorga diferentes beneficios y es amigable con nuestro organismo. Además, nunca nos cansaremos de mencionar que se trata de una leche vegetal sin gluten. ¿Te damos un consejo para esta receta? Usa leche de coco casera.

Para la preparación vamos a necesitar los ingredientes que enlistamos a continuación:

½ litro de leche de coco

1 cucharadita de agar-agar

1 cucharadita de sirope de agave

1 dátil

1 banana

Preparación:

Necesitaremos la leche de coco a temperatura ambiente, solo entonces agregaremos el agar-agar. El agar-agar también es conocido como "gelatina vegetal". Vamos a revolver bien la leche con esta sustancia y permitiremos que se hidrate, para esto no vamos a invertir más de 5 minutos.

En una olla calentaremos la leche de coco con la gelatina vegetal o agar-agar a fuego lento hasta lograr que hierva, agregaremos el sirope y mezclaremos todo muy bien. Cuando logre hervir, deberemos apartar la olla del fuego e incorporaremos la banana y el dátil en trozos. Batiremos en caliente con la ayuda de una batidora.

Regresaremos la mezcla al fuego durante 5 minutos más, removiendo de vez en cuando. Meteremos al congelador y el helado estará listo para servir.

Receta Número 18:

Sopa Cremosa de Coliflor y Coco

Esta sopa vegana tiene una fuerte dosis de especias y una textura cremosa y aterciopelada gracias a la coliflor y leche de coco.

Para la preparación vamos a necesitar los siguientes ingredientes:

2 cucharadas aceite de oliva extra virgen

2 cebollas blancas medianas, en rodajas finas

½ cucharadita sal, y más para sazonar

4 dientes de ajo picados

1 cabeza de coliflor grande, recortada y cortada

4 ½ tazas caldo de verduras bajo en sodio o agua

½ cucharadita de cilantro molido

½ cucharadita de cúrcuma molida

1 1/4 cucharaditas de comino molido

1 taza de leche de coco

Pimienta negra recién molida, para sazonar

1/4 taza perejil finamente picado, para adornar (opcional)

Preparación

Calienta el aceite de oliva en una olla grande a fuego medio. Pon las cebollas y 1/4 de cucharadita de sal hasta que las cebollas estén suaves y translúcidas, de 8 a 9 minutos aproximadamente. Reduce el fuego a bajo, agregar ajo y cocina por 2 minutos más. Agrega el cilantro, la coliflor, la cúrcuma, el caldo o el agua, el comino y lo que resta de sal. Llevar a ebullición a fuego medio-alto, luego reducir el fuego a bajo. Luego poner a fuego lento hasta que la coliflor esté tierna, unos 15 minutos.

Licuar la sopa en una licuadora hasta que quede suave y luego devolver la sopa a la olla. En este momento entra en escena nuestra leche de coco para combinarla y caliéntala para hacer la sopa.

Al momento de servir puedes poner la sopa en tazones y adornar con unas cuantas hojas de perejil, un poco de aceite de oliva en la parte superior y un poco de chile seco.

Receta Número 19:

Energético Smoothie Cremoso de Naranja

No podía faltar este batido cremoso y suave fácil de preparar, podría ser un postre pero es una bebida que contiene un gran potencial nutricional para mantenerte llena de energía para todo el día.

Para su preparación vamos a necesitar los siguientes ingredientes:

1 naranja mediana, pelada y congelada en segmentos

1 taza de leche de coco

1/3 taza de camote cocido

2 dátiles

1 cucharada de tahini

½ cucharadita de extracto de vainilla

Pizca de sal marina

Semillas de sésamo negro, para decorar

Preparación

Si no estás familiarizada con el tahini (o la tahina) es una pasta hecha a partir de semillas de sésamo molidas.

Coloca todos los ingredientes en una batidora y pulsar hasta tener una mezcla homogénea y cremosa. Verifica que todo esté bien procesado. Luego lo puedes servir y decorar con semillas de sésamo negro. Y listo! A disfrutar de este manjar!

Receta Número 20:

Delicioso Panqué Vegano de Chocolate

El chocolate nos alegra la vida, está demostrado científicamente por el compuesto que contiene. Ahora prepararemos un panque vegano de chocolate. Para esta receta usaremos leche de avena, pero puedes también reemplazar con leche de coco o soja.

A continuación tienes la lista de ingredientes para diez porciones (tómalo en cuenta):

   2 ½ tazas de harina (puedes utilizar harina sin gluten)

   1 taza de cocoa en polvo

   1 ½ tazas de azúcar refinada

   2 cucharaditas de extracto de vainilla

   2 cucharaditas de polvo para hornear

1 cucharadita de bicarbonato de sodio

1 ½ tazas de leche de avena

2 cucharadas de vinagre blanco

½ de taza de puré de manzana

1/3 de taza de aceite de girasol

1 pizca de sal

Preparación:

Primero debes precalentar el horno a 180 grados Celsius. Mientras eso sucede, engrasar un molde para panqué utilizando aceite vegetal y después enharinarlo perfectamente cubriendo todas las paredes del molde, esto evita que se pegue.

Elije un tazón más o menos grande y mezcla primero los ingredientes secos: harina, cocoa en polvo, bicarbonato de sodio, polvo para hornear, azúcar y sal. Aparte, en otro tazón, mezclar el puré de manzana, el aceite de girasol, el extracto de vainilla, el vinagre y la leche de avena (puedes también usar leche de coco o soya).

Integra poco a poco los ingredientes secos batiendo vigorosamente hasta formar una mezcla concisa y pesada. Luego vierte la masa dentro del molde que preparaste para panqué, hornea durante 30 minutos a 180 grados Celsius, o hasta que al momento de insertar un palillo, éste salga seco.

Retíralo del horno y deja enfriar 10 a 20 minutos antes de cortar. Para la presentación puedes espolvorear azúcar glass y si deseas unas frutillas.

Consejos

La leche de vaca no es indispensable en muchas de las recetas que adoramos, y siempre encontraremos la oportunidad o la forma de reinventar nuestros sabores favoritos en su versión más saludable.

Si bien las leches vegetales otorgan múltiples beneficios que nos sorprenden mientras nos ayudan a alcanzar nuestro bienestar, es cierto que no somos fanáticos de la comida ultra procesada, es por ello por lo que te invitamos a realizar tus propias leches vegetales en casa.

Además, si no eres una persona vegana, deberás saber que no necesitas serlo para probar estas recetas, pero si las has probado o piensas hacerlo, y además estás considerando la opción de vivir en el veganismo, a continuación de otorgamos un par de consejos para hacer tu camino del cambio mucho más fácil. Recuerda que el veganismo no es un régimen alimenticio sino un estilo de vida, además de ser una corriente o postura bastante amigable con el medio ambiente, pues hemos descubierto que nuestras elecciones alimentarias impactan directamente no solo en nuestra salud, sino en nuestro planeta. Consumir productos de origen animal empeora el panorama que nos proyecta el futuro.

1. Lo primero en todo régimen alimenticio saludable es no crear restricciones.

Como has podido descubrir en las recetas enlistadas previamente, la mayoría de las preparaciones tienen su opción vegana, así que trabaja desde el pensamiento y asegúrate que no dejarás de comer tus comidas favoritas, sino que cambiarás un ingrediente y con ello descubrirás nuevos sabores que podrían llegar a ser tus favoritos.

2. Busca reemplazos.

Existen muchas opciones en el mercado o recetas que puedes preparar desde casa que te ayudar a replicar la textura y la consistencia de muchos productos como la leche, el queso o incluso hasta el huevo, como lo hemos experimentado en nuestra receta de tostadas francesas o raviolis. Si bien estas recetas en su versión original necesitan la incorporación de este producto, pudimos sustituirlo y lograr un resultado final exquisito.

3. Cuenta con un kit básico para comenzar.

Ser vegano no se resume en frutas y verduras. Cuida mucho no olvidarte de alimentos como legumbres, tofu, semillas, frijoles, nueces, almendras, avena, entre otros, que te permitirán realizar muchísimos sustitutos de preparaciones como hamburguesas, galletas, budines y leches, entre otros. Entre más opciones tengas dentro de tu alimentación, el cambio no solo será sencillo sino que será inolvidable.

4. Paso a paso se llega muy lejos.

No pretendas cambiar tu estilo de vida en un abrir y cerrar de ojos, la adaptación es un proceso que lleva tiempo y de nada sirve querer ayudar al medio ambiente si no eres capaz de ser amable con tu propio cuerpo. Así que puedes probar ir abandonando los productos de origen animal de forma paulatina, a consciencia y siempre con el asesoramiento de un profesional para evitar desbalances en nuestra salud y nutrición.

Sin más por el momento te deseamos dulces y exquisitas recetas, además de mucha suerte si es que te decides por empezar una vida con diferentes hábitos alimenticios.

HAMBURGUESAS VEGETARIANAS

¿Te gustan las hamburguesas, pero llevas una dieta vegetariana?

Con el **CURSO: HAMBURGUESAS VEGETARIANAS PREMIUM** aprenderás de forma rápida y sencilla a elaborar hamburguesas libres de proteína animal. Aprovecha el **CUPON de descuento del 50%** introduciendo este código al momento de pagar: **031016**

¿Qué vas a lograr?
- Paso a paso y de forma rápida y saludable hamburguesas vegetarianas.
- Aprenderás todos los nutrientes y macronutrientes que te brindan las hamburguesas vegetarianas.
- Obtendrás por medio de la calculadora nutricional (incluida) la cantidad aproximada de nutrientes que necesita tu organismo dependiendo de tu edad, estatura y peso.
- Conocerás las alternativas al huevo, pan y queso en caso de practicar una dieta vegana.
- Acompañaras tus hamburguesas preparando Salsas

Premium 100% naturales.

- Te alimentarás de manera más consciente, nutritiva y deliciosa.
- Cambiarás tus hábitos alimenticios y mejorar tu salud por medio de diferentes fuentes de proteína vegetal.
- Crearás tu propio negocio de hamburguesas vegetarianas premium.
- Tendrás un certificado avalado por Hotmart y Seminarios Online.

¿Cómo lo vas a Lograr?

A través del siguiente programa paso a paso:

Módulo 1 Conciencia Saludable

- Bienvenida.
- Invitación a la comunidad.
- Introducción.
- Nutrientes y macronutrientes.

- Alternativas para veganos (alternativa al huevo, queso y pan)
- Tipos de pan.
- Importancia de la vitamina B12.

Módulo 2 Control Nutricional

- Importancia del control nutricional.
- Descarga la calculadora nutricional.
- Cómo usar la calculadora nutricional.

Módulo 3 Hamburguesas de Legumbres
- Hamburguesa premium de lentejas.
- Hamburguesa premium de frijoles.
- Hamburguesa premium de arveja.
- Hamburguesa premium de garbanzo.

Módulo 4 Hamburguesas de Semillas
- Hamburguesa premium de quínoa.
- Hamburguesa premium de chía.
- Hamburguesa premium de linaza.

Módulo 5 Hamburguesas de Coles
- Hamburguesa premium de espinaca/acelga.
- Hamburguesa premium de brócoli.
- Hamburguesa premium de coliflor.

Módulo 6 Salsas Premium 100% Naturales
- Salsa criolla premium.
- Salsa española premium.
- Salsa de aguacate premium.
- Salsa de berenjena premium.
- Salsa de champiñones premium.
- Salsa agridulce premium.

Módulo 7: Bonos Recetas Adicionales
- Torta de espinaca premium.
- Omelet premium.
- Pizzetta premium.

Módulo 8 Crear tu propio negocio de hamburguesas vegetarianas / veganas
- Mercado potencial.
- Crea tu propio negocio.

Módulo 9 BONOS EXTRA
- Descargables PDF de recetarios y nutrientes completos de cada hamburguesa vegetariana.
- Ebook: "Arte con sabor" para complementar tu alimentación saludable con muchas más recetas.
- Comunidad con otros estudiantes

Módulo 10 Preguntas frecuentes
- Pregunta frecuente #1: ¿Para el reemplazo del huevo cuánta chía y avena necesito?
- Pregunta frecuente #2: ¿Si no puedo comer Soya como puedo reemplazarla?
- Pregunta frecuente #3: ¿Si las hamburguesas son vegetarianas porque se usa el huevo y el queso?
- Pregunta frecuente #4: ¿Puedo montar un negocio donde pueda vender las hamburguesas que están dentro del curso?

Acerca del Productor de Curso

Elaborado por **Santiago Pimentel** psicólogo de profesión, pero a la vez un amante de lo natural, que lo ha llevado a explorar e indagar por alternativas alimenticias sostenibles que respeten a los seres vivos y al mismo tiempo sean altamente nutritivas.

Actualmente es el fundador de **Samai Life**, emprendimiento que comenzó en el año 2016, donde brinda ayuda a muchas personas con soluciones prácticas en temas como alimentación saludable, inteligencia emocional e inteligencia ambiental. Para así lograr mejorar la salud y calidad de vida de forma integral

¿QUIERES UNIRTE?

Dale clic al siguiente enlace o escanea el siguiente código QR:

https://go.hotmart.com/N77395327E?ap=b401

Printed in Great Britain
by Amazon

42748743R00050